LB 56 73

DU PRINCIPE

D'AUTORITÉ

DEPUIS 1789

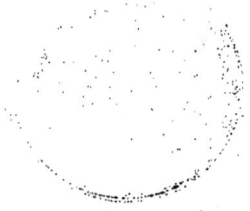

DU PRINCIPE

D'AUTORITÉ

DEPUIS 1789

PARIS

CHEZ LES MARCHANDS DE NOUVEAUTÉS

1853

DU PRINCIPE

D'AUTORITÉ

DEPUIS 1789.

Depuis soixante ans la France a subi plusieurs révolutions qui ont entravé sa marche, déchiré son sein, et imposé au présent de tristes fardeaux. Arrivée enfin à des jours de repos qu'elle voudrait voir se prolonger, elle se demande quel est, au milieu de tant de formules politiques avec lesquelles on l'a égarée, le principe qui doit commander sa confiance et assurer son avenir. Nous lui répondons : Le principe d'autorité.

Bossuet a dit une chose excellente avec son admirable langage : « Où tout le monde veut faire ce qu'il veut, nul ne fait « ce qu'il veut; où il n'y a pas de maître, tout le monde est « maître; où tout le monde est maître, tout le monde est es- « clave (1). » Ceci prouve que le pouvoir est le commencement de la liberté. Sans le pouvoir, il ne faut compter que sur l'anarchie.

Il est donc certain que les nations qui aspirent à être vraiment

---

(1) *Politique tirée de l'Ecriture*, liv. 1, art. 3, cinquième proposition.

libres doivent chercher d'abord, dans une forte organisation du pouvoir, de sérieuses garanties contre ce despotisme insupportable qu'on appelle la licence.

Ce n'est pas ce qu'on a fait en France depuis longues années : on a cru que la liberté consistait dans la diminution et l'abaissement du pouvoir; et par là on est arrivé à ce triste résultat, que ni la liberté ni le pouvoir n'ont été fondés.

Il faut absolument sortir de telles erreurs; elles sont surtout frappantes dans une démocratie de 35 millions d'habitants, qui est comme une vaste superficie où règne, avec une entière égalité, un mouvement prodigieux et quelquefois turbulent dans les idées et les intérêts. Sans le principe d'autorité, solidement établi dans les institutions et dans l'opinion publique, une telle société serait impossible. De tous les états, le plus ardent et le plus facile à exalter, c'est l'état démocratique. Est-il donc nécessaire de toujours exciter en lui le sentiment de l'indépendance? Est-ce garder les lois d'un sage équilibre que de l'échauffer sans cesse par l'idée de ses droits, de ses prérogatives et de sa liberté, sans le rappeler, par de mâles conseils, au devoir, à l'obéissance, au respect du principe d'autorité? Soixante ans d'épreuves sont suffisants pour prouver qu'une involution de crises périodiques et de secousses désastreuses est la conséquence nécessaire de cette fausse direction. Il ne faut pas plus égarer les peuples que les princes par l'exagération de ce qui leur plaît. Lorsque Bossuet trace un plan de politique pour l'instruction du Dauphin, on aime à le voir enseigner à l'héritier du trône que, dans un gouvernement légitime, les personnes sont libres, que la propriété des biens est inviolable, que les monarques doivent se garantir des tentations attachées aux grandes fortunes, que la puissance souveraine a des inconvénients, etc., etc. Mais les publicistes de l'école contraire n'imitent pas cette impartialité. Amis inconséquents de la liberté, ils croient utile d'abaisser le pouvoir, comme s'il n'était pas la garantie essentielle de la liberté; amis aveugles du peuple, ils cherchent à le dégoûter du principe d'autorité, comme si ce n'était par là que le peuple est affranchi de toute violence et qu'il trouve l'ordre, le repos et le travail.

Mais il ne suffit pas de faire comprendre aux nations que le pouvoir est la base nécessaire de toute société policée et libre; qu'il doit être vénéré et obéi; qu'il a, en ce monde, une mission providentielle à remplir dans l'intérêt même des peuples, de leur dignité et de leur liberté. Il faut encore que le pouvoir se montre aux peuples dans des conditions personnelles qui commandent la confiance; il faut que les princes dans qui le pouvoir se personnifie, sachent se rendre populaires pour être forts. Les dynasties ont leur grandeur et leur déclin; c'est par l'opinion que ces vicissitudes les atteignent. Tant qu'elles s'identifient avec les peuples, qu'elles s'inspirent de leurs besoins, et qu'elles sont le symbole de leur esprit, l'opinion les soutient et les élève. Mais quand l'opinion s'éloigne d'elles, parce que cette intimité n'existe plus, la puissance s'éloigne aussi, et le pouvoir, compromis par ceux-là mêmes qui le représentent, devient la cause des révolutions qu'il est chargé de prévenir. Les révolutions, on ne saurait trop le répéter, sont des moments terribles de violence et d'anarchie. Or, les princes, lorsqu'ils sont moins forts que l'esprit révolutionnaire, ne répondent pas à leur principal mandat : le pouvoir manque son but entre leurs mains; il n'a plus la vertu de préserver les hommes du fléau des désordres publics; il les laisse en proie à l'anarchie, qui est une tyrannie plus odieuse et plus intolérable que celle des plus mauvais rois. Le prince, en un mot, est comme dépouillé moralement de cette puissance qui vient de Dieu, mais qui se promulgue par l'adhésion des peuples.

On ne nous surprendra jamais à parler avec irrévérence de la maison de Bourbon. Elle se lie, dans notre histoire, à des siècles de grandeur; nous ne saurions oublier ce que le pays lui doit pour la brillante culture des lettres, pour l'agrandissement du territoire, pour la création du pouvoir central et la puissante formation de la bourgeoisie.

Mais il y a des faits que nous avons vus et qu'il faut constater, non par malveillance, mais par respect pour la vérité. Lorsqu'en 1789 la nation se précipita hors de l'ancien régime, la maison de Bourbon a-t-elle eu la force nécessaire pour diriger cet élan ? a-t-elle pu retenir la France sur la pente d'une révolution ? n'est-ce pas même contre elle que la plus radicale des révolutions s'est organisée, développée et accomplie ?

Ce n'est pas tout.

Lorsque, après une restauration inattendue et seize années d'un gouvernement difficile et combattu, la maison de Bourbon eut aperçu dans la marche de l'opinion la preuve éclatante que la liberté de la presse et des élections compromettait les bases de son pouvoir, sa main a-t-elle été assez forte pour ressaisir la plénitude de l'autorité royale et pourvoir à son salut? N'est-il pas vrai que, croyant loyalement fermer l'abîme des révolutions, elle l'a rouvert d'une manière si funeste pour elle qu'elle gémit encore aujourd'hui dans l'exil et dans la défaite que lui ont infligés trois jours de révolution ?

Et quant à la branche cadette, qui, tout en portant le nom glorieux de Bourbon, en a abdiqué les principes, a-t-elle été plus heureuse et plus forte? Pour s'être séparée deux fois de sa souche, a-t-elle eu plus d'empire sur l'esprit de faction et de bouleversement?

La révolution est donc sur les pas de la maison de Bourbon. Il semble qu'une inexorable fatalité condamne la France à subir une secousse violente chaque fois que la maison de Bourbon essaye d'enchaîner le désordre et l'anarchie.

Au contraire, la dynastie impériale peut regarder en face l'esprit révolutionnaire. Deux fois elle lui a dit : « Tu n'iras pas plus loin, » et deux fois les flots courroucés se sont arrêtés dans leur débordement.

Ceci posé, nous demanderons à qui appartient le pouvoir par le droit de la raison et de la plus incontestable légitimité, si ce n'est à celui qui est le plus capable d'assurer à une nation l'ordre, la sécurité et l'exercice régulier de ses fonctions vitales.

Cette vérité est palpable dans tous les états de société; mais elle est encore plus manifeste dans la société française, où, comme nous l'avons déjà dit, la plaie la plus profonde, c'est l'affaiblissement du pouvoir. Jusqu'en 1789, le principe d'autorité, qui est la clef de voûte de l'édifice social, avait été respecté par une nation que l'on disait idolâtre de ses rois; il avait donné à la France une organisation intelligente et ferme, une incontestable prépondérance au dehors. Par son secours, le pays avait traversé, sinon sans difficulté, au moins sans bouleversement, les crises de la féodalité; il avait accompli heureusement l'affranchissement des populations et des communes, maintenu le principe religieux au 16e siècle et réalisé l'œuvre admirable de la constitution d'un territoire homogène et d'un pouvoir central. Sans doute il y avait dans cet ancien régime mille choses à perfectionner; mais nul homme sensé ne demandait *à priori* de le détruire.

Il en arriva autrement par des causes qu'on ne saurait expliquer ici, et la France, lancée dans la carrière des idées révolutionnaires, vit tomber la monarchie avec son roi par le crime de la démagogie.

Après cette triste époque, la cause du pouvoir devait être considérée comme perdue, quand un jeune héros, grand capitaine et grand législateur, la rétablit de ses désastres, releva le trône, et montra à la France enchantée une monarchie aussi puissante et aussi respectée à son berceau, que celle de Louis XIV l'avait été au temps des plus antiques prestiges de la majesté royale. Comme ce pouvoir a succombé au bout de seize ans sous les coups de l'Europe coalisée, les rhéteurs qui ont fait, au gré de leur sophisme, la philosophie de notre histoire, ont avancé que

ce n'était là qu'une autorité de circonstance, qu'une dictature aussi passagère et aussi accidentelle que les crises qui l'avaient rendue nécessaire. Le fait est que la monarchie impériale a été une monarchie régulière, un état normal au fond, parfaitement assis et pleinement associé aux monarchies européennes. Cela est si vrai, que, jusqu'au dernier moment à peu près, les rois du Nord, malgré l'enivrement de leur succès, hésitèrent à briser une couronne si bien acquise par la gloire et le génie ; et que, si Napoléon Ier eût voulu accepter à Châtillon la paix qui lui était offerte, l'Europe se serait repliée devant lui comme devant tout autre prince consacré par le temps. Quand les légitimistes disent que la guerre de 1814 n'a pas été faite exprès pour rétablir les Bourbons, ils sont dans la vérité de l'histoire. Il est faux que les souverains alliés voulussent *à priori* renverser l'Empereur ; il est faux qu'ils ne vissent dans ce grand homme qu'un Attila et un aventurier ; il est faux qu'ils songeassent à autre chose qu'à obtenir des garanties contre des guerres sans cesse renaissantes.

L'Empereur tomba cependant, par opiniâtreté pour la grandeur de la France.

Cette chute changea les conditions du principe d'autorité en France et en Europe. Si l'œuvre monarchique de la Sainte-Alliance n'eut plus rien à redouter des guerres qui n'avaient que trop embrasé l'Europe, elle sentit bien vite, à côté d'elle, la présence d'un autre ennemi plus implacable et plus tenace. Le vieil esprit des dynasties restaurées sembla un défi porté à l'esprit nouveau, auquel manquait désormais le frein modérateur de l'Empire. Livré à ses défiances, à ses ressentiments, à son impétuosité, cet esprit nouveau revêtit le caractère révolutionnaire et républicain, et se nourrit des plus sinistres projets de destruction. Les symptômes en furent alarmants : une presse organisée en tout pour le dénigrement et pour l'attaque ; une charbonnerie, constituée dans les régions occultes de la société, entretenant le fanatisme et la

haine du pouvoir; un prêtre régicide élu en opposition avec le
principe de la légitimité; un prince français assassiné; les com-
plots et l'indiscipline dans l'armée; l'inquiétude et la malveillance dans la bourgeoisie; le réveil de la philosophie délétère
du 18ᵉ siècle dans les choses de la religion; bien plus, les soulèvements populaires et militaires dans l'Europe méridionale; la
défaite et les humiliations de la royauté en Italie et en Espagne :
voilà le mal immense qui, en peu de temps, avait gangrené le
corps social; voilà cette guerre des peuples et des rois que, depuis le Consulat, les nations avaient cessé de connaître. On vit
alors la faute que les monarchies avaient commise en brisant
en France le seul levier qui fût en état de contenir et de gouverner la révolution.

Toutefois, le principe d'autorité, fortement défendu par les
cours du Nord, eut la fortune de reconquérir sa position, et la
démagogie, qui excelle dans les surprises, ne put tenir contre la
guerre ouverte de la Sainte-Alliance. L'Europe sembla respirer
alors dans les douceurs d'une paix universelle. Mais d'autres
dangers attendaient le principe d'autorité, et de ces douceurs
enivrantes sortit une sourde agitation, semblable à celle que l'on
éprouve quelquefois, sans le savoir, dans le sommeil le plus profond. Les uns, confiants dans les Bourbons, et les croyant solidement assis, prirent résolûment en main la cause de la liberté, et
voulurent qu'ils se rendissent populaires par de larges concessions;
les autres, croyant à leur faiblesse, et voulant la leur rendre fatale, réveillèrent, sous une forme mitigée, les idées de la révolution, posèrent des questions insidieuses, discutèrent des problèmes
redoutables, et remplirent les esprits de doutes, de défiances et
d'une ombrageuse jalousie. Le vieux parti révolutionnaire, ad-
mirablement servi par les illusions des néo-royalistes et du parti
libéral honnête, était passé des conspirations et des soulèvements,
à une stratégie plus savante et moins périlleuse pour les assail-
lants. C'est par les doctrines qu'au 18ᵉ siècle on était parvenu à

altérer la foi dans le principe religieux ; c'est par les doctrines
qu'on se mit à saper dans l'opinion le principe d'autorité. L'en-
traînement fut général et irrésistible ; il sembla qu'amis et enne-
mis, jeunes et âgés, sages et étourdis, tous eussent pris pour devise le fameux vers de La Fontaine : *Notre ennemi, c'est notre
maître*, voulant que la société fût gouvernée sans gouvernement,
et que le pouvoir passât à l'état de magnifique abstraction où au
rôle de patient. Parmi les mécontents de haut parage coalisés
avec quelques gens d'esprit, lettrés ou journalistes, hardis penseurs ou sceptiques, idéologues ou frondeurs, il se forma une
sorte de clergé de la révolution, qui eut ses prêtres et ses pro-
phètes, son conclave et ses trépieds, et presque son infaillibilité
papale. Là, on se mit à tirer la quintescence des principes révolutionnaires, à les concentrer en doses raffinées, et à répandre
dans les esprits simples des venins emmiellés. On fabriqua, pour
la perversion de la génération présente, des Histoires de la révolution aussi révolutionnaires que possible sans tomber dans la
mauvaise compagnie ; on y mit des tendresses pour les Danton,
des excuses pour les Robespierre, des circonstances atténuantes
et des gazes charitables pour des monstres qui avaient déshonoré
le nom français. En même temps on enseignait, partout où on
pouvait, que le temps était passé où les rois gouvernent les nations ;
qu'un prince était trop heureux d'avoir des chasses et des chiens,
et de dépenser grandement une large liste civile ; que le gouvernement appartenait désormais aux hommes d'élite des journaux, aux
orateurs du parlement, aux penseurs des canapés politiques, aux
meneurs des comités électoraux. Une femme savante, qui ne fut
pas étrangère à l'origine de ce mouvement, a dit de l'Empereur Napoléon Ier, qu'elle détestait : « C'est Robespierre à cheval. »
Ce mot est un peu fort, surtout quand on procède soi-même
d'un parti qui ne se rencontre que trop sur les confins des révolutions, qui, s'il ne conduit pas la liberté jusqu'au désordre ma-
tériel, l'aiguillonne dans la route des insurrections morales contre

le pouvoir ; qui se repaît à satiété d'une critique impitoyable et
sèche, destructive de toute autorité. L'anarchie n'a pas besoin
de prendre les formes extravagantes de 93 ou de ces derniers
temps pour être l'anarchie. On est fauteur de la secte des anar-
chistes lorsque, pour réduire les gouvernements à un vain mot,
on mutile la souveraineté dans ses parties vitales, et qu'on la dé-
couronne des prérogatives qui font son efficacité.

Notez que le mot de cette femme bel esprit est d'autant plus
insupportable que celui qu'elle comparait à un révolutionnaire
de bas étage était le restaurateur de l'ordre, le sauveur de la
religion, le réparateur de la propriété, le fondateur de nos lois
civiles et de notre administration ; le type des gouvernements
hiérarchiques et réguliers.

Ceci dit épisodiquement, il est manifeste que si la branche
aînée de la maison de Bourbon eût possédé la force gouverne-
mentale que promettait son principe, elle aurait empêché ces
côteries de devenir des partis, et ces partis de devenir des fac-
tions turbulentes. Mais tous les vents furent aquilons pour ce
trône placé si haut par son principe philosophique, et si fragile
en réalité par ses appuis naturels. Ce qui n'aurait dû être qu'une
fronde devint une révolution. Or, sans manquer de respect à
une maison auguste et infortunée, n'est-il pas permis de lui de-
mander si, quand la force manque aux rois, ils ne manquent pas
à leurs peuples ; si, quand ils plient au premier orage, ils sont
remplis de cette inspiration divine qui fait les dynasties ; si, surtout, ceux qui ont abandonné la partie devant une poignée d'am-
bitieux et d'agitateurs, sont prédestinés pour sauver la France
dans des jours de tourmente pareils à ceux que Dieu nous a en-
voyés depuis 1848, dans ces jours néfastes où il est permis de
trembler, parce que, comme dit l'Écriture, il y a des lions dans
les chemins (1).

(1) Proverb. XXII, 13.

La révolution de juillet fut un grand coup porté à la cause du pouvoir. La royauté, plus faible sous la branche aînée que sous le gouvernement impérial, s'abaissa de plusieurs degrés par la substitution violente de la branche cadette. La monarchie de Louis-Philippe ne fut d'abord acceptée par le parti pur des trois journées que comme un sacrifice fait à d'anciens préjugés et comme une transition à la république. Le caractère de cet événement se peint à merveille dans un mot de M. de Lafayette : « Un trône populaire entouré d'institutions républicaines. » Le nouveau roi avait contre son établissement monarchique tout à la fois les embarras de la situation générale et les embarras de sa propre situation. Fils de Philippe-Égalité, il ne lui était pas facile de faire accepter par le peuple le principe de l'inviolabilité royale. Disciple non caché de l'école de Voltaire, il ne lui était pas facile de mettre de son côté le clergé du royaume très-chrétien. Chef d'une opposition qui venait de conquérir la couronne par une brusque révolution, il ne lui était pas facile de contenir le génie des révolutions avec des hommes qui, de près ou de loin, avaient trempé comme lui dans la guerre faite au pouvoir. Mais le besoin d'ordre est si puissant en France, et le monarque sut mettre tant d'habileté dans sa conduite, que les vices et les contradictions d'une situation si fausse furent adroitement corrigés.

Pendant dix ans, la peur d'une révolution nouvelle soutint, au milieu des émeutes et des conspirations, un gouvernement sans assiette, qui n'était ni la légitimité ni la souveraineté du peuple, et que la France n'avait accueilli qu'à titre d'expédient. Si la France eût été républicaine, ce gouvernement fût devenu bien vite la République ; mais la France est monarchique par le cœur et les intérêts, et elle communiqua une partie de son esprit qui le maintint dans la voie des monarchies. Ce ne fut pourtant qu'une monarchie indécise, à laquelle on donna le nom de gouvernement parlementaire pour désigner une chose nouvelle en France. Qu'est-ce que la monarchie parlementaire? Ce gou-

vernement, qui a tant parlé en sa vie, n'a jamais pu donner clai-
rement sa définition, et rien n'est plus difficile à expliquer d'une
façon rationnelle. La monarchie parlementaire n'est pas, malgré
l'apparence des mots, l'ancienne monarchie française tempérée
par les parlements. C'était là l'ancien régime, et elle se proclame
la forme politique des temps nouveaux. Ce n'est pas non plus (et
nous l'en félicitons) la monarchie démocratique, si follement instituée par la constitution de 1791; le régime parlementaire a
plus de sens; il tient plus de compte des faits pratiques et de la
force respective des pouvoirs politiques. Ce n'est pas davantage la
monarchie constitutionnelle de 1814; celle-ci prétendait s'ap-
puyer sur une chose qui, jadis, avait été la puissance civilisatrice
et organisatrice en France, sur une dynastie que la nation avait
aimée pendant des siècles, sur une royauté antique et héréditaire
qui était la source et le lien de tous les autres pouvoirs. Il ne lui
manquait que de représenter l'esprit des générations présentes,
comme elle avait personnifié l'esprit des temps passés; c'était là
son côté faible, le côté par où elle devait périr. Mais elle avait
aussi des côtés respectables, la tradition, les vieux services, le
prestige de l'hérédité; tandis que la monarchie parlementaire,
séparée de ces restes du passé, mais ne voulant entrer franche-
ment dans aucun des principes nouveaux, oscille dans un milieu
précaire où elle ne trouve rien d'arrêté.

Enfin, la monarchie parlementaire n'est pas moins éloignée,
quoi qu'elle en dise, de la monarchie anglaise. En Angleterre,
tout l'édifice s'appuie sur une aristocratie à la fois conservatrice
et progressive, qui, par sa stabilité et le respect qu'elle inspire,
offre un invincible boulevard contre les révolutions; tandis que
la monarchie parlementaire, placée en face d'une démocratie
quelquefois mobile et irritable, ne trouve rien de mieux pour la
contenir que des fictions constitutionnelles et une pondération
savante de forces plus abstraites que réelles. En somme, le gouvernement parlementaire de la monarchie de juillet est un état

mélangé de pour et de contre, qui n'accepte pleinement aucune vérité, qui ne proclame aucun principe. Elle n'est pas et ne veut pas être la révolution ; mais elle est ce trouble chronique qui prépare les catastrophes sociales. Elle condamne le désordre, elle a même beaucoup fait pour le combattre dans la rue ; mais elle l'a fort encouragé dans le monde moral, non-seulement parce qu'elle est elle-même sortie d'un désordre, mais encore parce qu'elle organise quelque chose qui y conduit, l'antagonisme et la dispute, l'anarchie dans les convictions religieuses, philosophiques et politiques. Elle met un roi à la tête du gouvernement, mais elle lui défend de gouverner. Elle admet la souveraineté nationale, mais elle interdit au peuple de s'en mêler. Elle promet la liberté à tous, mais elle ne la laisse, en définitive, qu'à un quatrième pouvoir qui dispose du repos des familles, de l'honneur des citoyens, de la dignité des fonctionnaires et du gouvernement, de la tranquillité publique et du sort du pays. Elle pose comme règle de tout Etat libre la division des pouvoirs ; mais elle aboutit, par la formule contraire de l'union des pouvoirs, à une oligarchie exclusive de tout mouvement dans les hommes et dans les idées. Elle se déclare le gouvernement de la majorité, mais elle fait régner des minorités locales qui ont leurs fiefs électoraux et leurs principautés bourgeoises. Dans un tel gouvernement, il est clair que ce n'est pas la main des forts qui domine ; ce sont les petits moyens, les expédients au jour le jour, les influences mystérieuses ; la corruption vient même y glisser, en cas de besoin, ses abus détestables. Car, bien que la monarchie parlementaire suppose en théorie la sagesse des peuples et l'honnêteté des hommes, elle se prête, dans la pratique, à tous ces manéges des faibles qui circonviennent les consciences par les mauvais côtés. Il faut une grande habileté, au moins en France, pour faire marcher sans trop de secousses le gouvernement parlementaire. La monarchie de juillet en a été une preuve brillante. On se souviendra longtemps de ses orateurs éminents, de ses hommes d'Etat graves et éclairés, et du jeu si parfaitement dirigé de ses ressorts. C'est ainsi que l'équilibriste qui marche au Cirque-Olympique sur une boule tournante, a besoin de beaucoup plus d'adresse que celui qui pose tout simplement ses pieds sur la terre ferme ; mais ce dernier est bien plus solide que l'autre, et la chute du premier est épouvantable.

Celle de la monarchie de juillet fit descendre aux gémonies le principe d'autorité. On ne pense pas sans un affreux serrement de cœur à ce fauteuil royal traîné ignominieusement dans les rues, à ce palais des rois pollué par l'insulte, le pillage et l'ivresse ; à ce dédain des hordes victorieuses pour le monarque fugitif et presque oublié à son départ.

Maintenant que voilà le pouvoir mis en pièces par la plus effroyable anarchie, demandons-nous comment il se fait qu'après de telles défaites et de si grandes humiliations, le principe d'autorité se soit si promptement restauré dans les mains de Louis-Napoléon. Oui ! comment se fait-il qu'au milieu de circonstances analogues à celles qui ont été si fatales au pouvoir de la branche aînée et de la branche cadette, le pouvoir de la quatrième dynastie se soit, au contraire, fortifié, consolidé et élargi ?

Ceci est sérieux et demande à être expliqué.

La grande révolution de 1789 a commencé par d'admirables réformes, et a abouti à de grands excès. Les réformes, œuvre du progrès des mœurs et de la raison, sont le patrimoine inaliénable de la France ; mais les excès, ouvrage des passions anarchiques, sont restés odieux à la génération actuelle comme ils l'avaient été aux contemporains, qui infligèrent le nom de *terreur* à ces folies sanguinaires.

La France ne veut donc rien qui l'inquiète sur le sort des réformes conquises ; mais elle ne veut rien, non plus, qui l'effraye par le retour de principes détestés. Elle tient essentiellement aux intérêts légitimes nés de la révolution de 1789 ; mais elle condamne autant qu'elle redoute les idées révolutionnaires qui prétendent aller au delà.

Tel est évidemment le sentiment général du pays : ni retour à l'ancien régime, ni retour au jeu funeste des révolutions. C'est pourquoi ce qu'il recherche surtout dans son gouvernement, c'est une force qui se dévoue au régime nouveau, et qui, en même temps, le préserve de révolutions nouvelles.

Or, des trois dynasties qui ont régné sur la France depuis 1789, quelle est celle qui répond le mieux à ce double besoin?

La branche aînée de la maison de Bourbon a trop souffert des révolutions pour n'être pas en garde contre eur esprit : sous ce rapport, elle possède des instincts de nature à rassurer en France les intérêts conservateurs. Mais malheureusement ses souffrances se lient de trop près aux grandes choses qui, à partir de 89, ont fait le bien de la France; et l'opinion publique (à tort ou à raison) doute de sa sincère et profonde adhésion aux principes sagement démocratiques de la civilisation moderne. Le pays ne donne donc pas à la branche aînée de la maison de Bourbon sa confiance entière ; il lui suppose des arrière-pensées; il hésite à faire cause commune avec elle toutes les fois qu'elle est aux prises avec l'esprit révolutionnaire; il craint que la victoire du pouvoir ne lui fasse perdre des droits et des avantages qu'il tient de la révolution. De là, pour la maison de Bourbon, d'immenses embarras sur des points qui seraient simples sans ce malentendu ; de là cette fatalité qui fait tourner contre elle l'utilité même de son principe traditionnel; car plus elle parle de son droit héréditaire, plus on a peur qu'elle n'hérite des préjugés de l'ancien régime et de l'hostilité de 1789.

Placée dans d'autres conditions, la maison d'Orléans est environnée de causes de faiblesse encore plus frappantes. Ses racines plongent dans le passé ; mais ce bénéfice des races antiques l'embarrasse, loin de la servir. Le parti de la révolution lui reproche de s'en trop souvenir; le parti des anciennes idées, de l'avoir trop oublié, tandis que le parti intermédiaire, hésitant et troublé, n'ose pas résoudre si c'est *quoique* Bourbon, où *parce que* Bourbon, qu'elle monte sur le trône. Quand un établissement dynastique suscite, à son début, de tels conflits, au milieu desquels se placent de tels problèmes, on hésite forcément à faire un grand fonds sur sa stabilité; car c'est toujours au premier moment de leur érection que les gouvernements se dessinent le plus nettement dans le principe qui fait leur caractère. Or, si l'on recherche quel est le principe de la maison d'Orléans, il est impossible de trouver autre chose que la négation d'un principe. On a dit qu'elle était le gouvernement de la légalité. Elle n'est cependant arrivée que par une violation de la légalité, par le renversement d'une charte qu'elle avait jurée, par l'exil d'une dynastie dont la légalité la faisait sujette, par la mutilation d'une pairie légalement instituée. On a dit encore qu'elle était le gouvernement de la nécessité, et il est bien certain qu'après le départ de la branche aînée, et en présence de la république agissant et conspirant, la nécessité forçait les bons citoyens à soutenir contre les révolutionnaires la branche cadette, qu'une révolution avait apportée. Il faudrait qu'un gouvernement établi fût bien mauvais (à Dieu ne plaise que nous appliquions cette épithète à la monarchie du 7 août) pour qu'il n'y eût pas de nombreux avantages à préférer sa conservation à un changement dont on ne saurait prévoir les conséquences. Mais il est certain qu'au moment de l'avénement de la branche cadette, rien autre chose qu'une imitation systématique de l'histoire d'Angleterre ne faisait une nécessité de cette crise. Elle fut même pour le pays une complication fatale; elle rompit nos alliances en Europe; elle nous condamna à une politique d'isolement qui ne fut ni la guerre ni la paix; elle comprima pour de longues années l'essor de la richesse publique, troubla l'équilibre de nos finances, agita les esprits, diminua le pouvoir, envenima les partis politiques, et fut enfin la mère de cette révolution de 1848, qui a été pour la France ce que l'affreux désert fut pour le peuple de Moïse.

Mais le plus grand vice de la maison d'Orléans, c'est qu'elle a, contre l'esprit révolutionnaire, encore moins de force que la branche aînée des Bourbons. Celle-ci, en effet, en combattant l'ennemi public, n'a rien qui ébranle sa foi dans sa mission; mais la maison d'Orléans a-t-elle la même tranquillité de cœur? N'a-t-elle pas fléchi le genou devant l'idole? N'a-t-elle pas une place dans les événements qui, deux fois, ont renversé le trône? Et lorsque la révolution, dans ses redoublements de colère, lance sur la France ses torches et ses poignards, que peut faire contre elle la maison d'Orléans, lorsque le passé lui revient en mémoire? Aussi la révolution a-t-elle conscience, au plus haut degré, de la force que lui donne sur la branche d'Orléans une ancienne coopération. Il semble qu'elle la traite en vassale, s'arrogeant jusqu'au droit atroce de la rançonner à merci par les conspirations et les assassinats. Par où l'on voit que, lors même que la maison d'Orléans se dévoue à la défense des bons côtés de la révolution, elle est impuissante contre les mauvais, qui se mettent à l'œuvre. L'autorité lui manque, car elle est elle-même un affaiblissement de l'autorité; la force morale lui manque, car elle n'a que trop failli devant une autre force avec laquelle on ne transige que pour périr. C'est ce qui explique pourquoi Louis XVIII a pu transmettre sa couronne à son frère sans secousse, tandis que tout le monde sentait avec une tristesse prophétique qu'une crise attendait la société à la mort du roi Louis-Philippe, et qu'il sonnerait une heure fatale pour ce pouvoir vivant de la lassitude publique et d'un atermoiement des partis.

On se trompait, et ce n'était pas assez connaître l'impatience de l'esprit révolutionnaire. Louis-Philippe, conduit en exil par les mêmes combinaisons qui avaient exilé, pour lui, le chef de sa race, alla montrer au monde que les pouvoirs issus de la révolte provoquent, à leur tour, la révolte qui les brise.

Il résulte de ceci que les intérêts fondés sur le développement régulier des principes de 89, dont la réunion forme la fortune de l'immense majorité des Français, ne trouvent pas de garanties suffisantes de protection et de défense dans les deux branches de la maison de Bourbon : dans la première, à cause de ses tendances supposées en faveur de l'ancien régime ; dans la seconde, à cause de son impuissance avérée en face des entreprises révolutionnaires. Ces intérêts sacrés d'égalité et de liberté civile et religieuse, ces droits démocratiques mais conservateurs de propriétés et de famille, si chèrement achetés au prix de tant de crises, sont l'élément fécond de notre civilisation moderne ; et c'est arrêter son admirable mouvement que de les faire rétrograder. Or, la branche aînée inspire la peur instinctive de ce pas en arrière. D'un autre côté, c'est éteindre le flambeau de cette admirable civilisation que d'abandonner ces intérêts et ces droits aux sauvages projets de l'esprit révolutionnaire. Or, la branche cadette, élevée dans les idées dissolvantes de la révolution, a trop fait de mal, en d'autres temps, au principe d'autorité, pour être, malgré ce qui la recommande d'autre part, une digue contre le déchaînement de ces idées.

La dynastie impériale est à l'abri de ces reproches ; elle n'a point de solidarité avec l'ancien régime, puisque ce sont les combinaisons providentielles de la révolution même qui l'ont fait surgir comme une de ces forces inespérées que Dieu tient en réserve pour les grandes crises des peuples. Elle peut donc emprunter à l'ancien régime ce qui faisait sa grandeur et sa solidité, non pour fausser et amoindrir l'état nouveau, mais pour l'améliorer et le fortifier. Il y avait dans l'ancienne monarchie, à côté de grands abus que les réformes de 1789 ont sans retour emportés, des principes d'ordre, de hiérarchie, de stabilité, le respect pour le pouvoir, la confiance dans le gouvernement, le sentiment profond de l'autorité et de l'initiative du monarque. Si la transformation démocratique de la société après 89 fit évanouir ces dispositions et ces idées, ce n'est pas qu'elles fussent incompatibles avec les nouveaux intérêts de la France, c'est que le pays avait cessé de s'entendre avec la dynastie qui avait si longtemps et si glorieusement conduit ses destinées dans le passé; c'est que les représentants du pouvoir, bien plus que le pouvoir lui-même, avaient perdu leur prestige et leur popularité. Il est si vrai que la France resta monarchique malgré le complet et définitif avénement de l'élément démocratique; il est si vrai qu'elle resta fidèle à sa foi innée dans le pouvoir, malgré la chute des princes qui, jusque-là, en avaient été la personnification, qu'elle se jeta dans les bras de la monarchie aussitôt que cette forme de gouvernement se présenta à elle dans des conditions rassurantes pour les intérêts nouveaux. Et cette monarchie qu'elle se donna, ce ne fut pas celle dont les allures incertaines et les mouvements embarrassés attestent une origine étrangère, mais le monarchie grandiose et nationale de Louis XIV, avec un héros plus grand que tous les rois, en place du grand roi. Alors la religion fut relevée et respectée; alors le principe d'autorité fit taire sous le sceptre impérial les derniers échos des mugissements révolutionnaires; alors la propriété, guérie des blessures de la confiscation, reprit sa place parmi les bases les plus essentielles de l'ordre social; alors la justice reparut avec la dignité et la force des anciens temps. On ne dira pas que ces choses, prises de l'ancien régime, aient été une menace pour le nouveau; elles en ont été, au contraire, le soutien, l'ornement et la dignité; et le peuple, dans son incomparable bon sens, l'a ainsi compris; car Napoléon est le seul monarque, dans les temps modernes, dont il ait gardé la mémoire. Ainsi donc, on peut affirmer que si le bien de l'ancien régime peut être approprié, dans une mesure déterminée, à l'époque présente, pour conserver à la France l'unité de son esprit et de ses mœurs, c'est à la condition de passer par les mains de l'Empire. La Restauration en est la preuve.

Elle voulut, elle aussi, faire fleurir la religion; mais, moins heureuse que l'Empereur qui releva les autels, le roi très-chrétien risqua de les ébranler par sa protection. Elle voulut, à un jour donné, reprendre une portion des antiques prérogatives de la couronne, et, plus infortunée que l'Empereur qui ne tomba que par une coalition de l'Europe, elle s'est évanouie devant le courroux du peuple revendiquant ses libertés. Elle ne put faire un seul pas dans la voie des gouvernements forts, sans rencontrer l'ordre nouveau se cabrant contre l'ancien régime, sans que l'intérêt de la société moderne vînt faire obstacle à l'intérêt du prince, représentant présumé de la société ancienne. Ainsi fut gâtée, par un irréconciliable antagonisme, une situation que la paix européenne rendait admissible et qui dégénéra en une guerre intestine de deux générations et de deux esprits : au lieu que l'Empire, réalisant la fusion de ce double intérêt, résume les deux Frances en une seule plus énergique, plus florissante et plus vivace. Il fait oublier la révolution, en donnant à l'Etat nouveau la solidité et le lustre des temps passés ; il fait oublier l'ancien régime en dotant de ses plus grands mérites le régime nouveau.

Si, d'un autre côté, l'Empire plante ouvertement son drapeau dans les principes de 89, c'est qu'il peut avouer l'origine démocratique et héroïque qu'il tire de cette crise sociale; c'est que, dans ce berceau où ses destinées se sont mariées aux destinées de la France nouvelle, il ne s'est nourri que des grandes et saintes vérités acquises à l'humanité par un immense progrès de la civilisation, et qu'il a rejeté le fiel et l'absinthe des idées révolutionnaires. Le jour où il s'est levé sur la France, il a foudroyé l'anarchie, écrasé le jacobinisme, donné une salutaire direction à la révolution égarée et à la nation éperdue, fait briller l'ordre le plus admirable dans le chaos le plus affreux. C'est que l'Empire a la mission d'être le régulateur de la révolution et l'organisateur puissant de la démocratie. Aussi est-il doué d'une double aptitude, d'abord pour représenter la révolution dans ce qu'elle a de bon, ensuite pour la réprimer dans ce qui la compromet. Est-il besoin de le dire? toute phase de la civilisation porte en elle un principe d'autorité auquel elle obéit providentiellement, et sans lequel elle ne serait qu'un fruit du hasard et une confusion. Lorsque l'élément féodal eut pris son immense et énergique développement, vers la fin des Carlovingiens, on ne sait ce qu'il serait devenu si une dynastie féodale ne se fût élevée dans son sein pour le modérer, le contenir, le discipliner. De même la démocratie a sa force dirigeante et son principe d'autorité dans une dynastie similaire, qui est la démocratie elle-même quand il faut développer ses avantages, mais qui est sa tutrice et son Mentor quand il faut prévenir ses égarements. Pensons-y bien! lorsque ce principe d'autorité a manqué à la révolution, elle a tôt ou tard dégénéré en une force brutale qui se complaît dans la destruction. De là les trois catastrophes de 1792, 1830 et 1848. Mais aussitôt que la dynastie impériale reparaît à sa tête, le monstre s'apaise comme par enchantement; il plie doucement sa tête sous le joug de l'autorité, et cette fièvre de bouleversement se change en un élan vers le bien et une émulation pour le travail; de sorte qu'à la place d'un volcan incendiaire, paraît, sous un ciel serein, la ruche laborieuse et riche de ses rayons.

Ceci démontre pourquoi l'Empire n'a rien à redouter des institutions populaires qui ont fait trembler d'autres monarchies. La dynastie d'Orléans avait pour devise la souveraineté nationale; mais elle se défia toujours des suffrages de la nation, craignant d'y trouver la révolution. Elle recula même, et alla se briser devant une réforme électorale, restreinte dans les plus étroites proportions : tant lui semblait formidable tout ce qui la rapprochait de ce peuple dont elle ne se sentait pas maîtresse ; car elle avait appris avec lui comment se font les révolutions. L'Empire, au contraire, pénètre hardiment dans les couches les plus faciles à s'agiter au souffle révolutionnaire, et, loin d'y être accueilli au bruit de la révolte, il y apporte le principe d'autorité et le fait saluer par les acclamations du peuple. La démocratie, en effet, se reconnaît dans son propre ouvrage, fière d'avoir rencontré, sous les lauriers de la gloire et du génie, sa formule et sa personnification.

Par là se trouve résolu le grand problème des temps modernes. La France est une démocratie, et ses mœurs l'empêchent même d'être autre chose ; mais cette démocratie française sera-t-elle condamnée à l'instabilité orageuse des démocraties antiques, à cette mobilité jalouse qui brise les cadres de tous les gouvernements ? Oui, si on veut lui enlever l'Empire : cent exemples frappants l'ont démontré, et la preuve en est écrite sur trois monarchies écroulées, sur quatre ou cinq essais de république éphémère et impossible. Non, si elle conserve l'Empire. Deux fois en cinquante ans, sous la main de la dynastie impériale, elle a reçu des lois ; elle a dompté ses passions subversives et proclamé le principe d'autorité ; et son organisation a été si complète et si prévoyante, qu'elle reste, depuis un demi-siècle, comme un monument de solidité et un objet d'admiration. La démocratie française est donc capable d'ordre et de fixité : loin d'être incompatible avec le principe d'autorité, elle le salue dans l'Empire et l'élève à une hauteur et à une dignité pareilles aux grandeurs des plus illustres monarchies anciennes. Confions-nous donc à l'avenir de la France ; ayons foi dans un siècle où, au milieu de tant de merveilles inconnues du passé, se manifeste la plus grande de toutes, c'est-à-dire une nation de 36 millions d'habitants usant de ses droits pour constituer le pouvoir, et préférant aux entraînements d'une indépendance effrénée le point d'appui salutaire du principe d'autorité.

Déjà les partis commencent à comprendre ce que l'Empire leur offre de sécurité contre l'ennemi commun, contre l'esprit révolutionnaire, cette lèpre de la civilisation. Que si les plus obstinés veulent y réfléchir avec maturité, est-ce que leur raison et leur intérêt ne leur apprennent pas qu'en dehors de l'Empire il n'y a que désastres pour eux, impuissance pour leur cause et bouleversement pour la France? Qu'espère, par exemple, le parti républicain? Il veut ouvertement et systématiquement ce que la France ne veut pas, et sa condamnation a été éclatante et définitive. Qu'attend de l'avenir le parti orléaniste proprement dit? Pourquoi hésiterait-il à se rattacher à la volonté de la France, trois fois exprimé avec un ensemble toujours plus unanime? La souveraineté nationale, qui est sa théorie, n'a-t-elle pas prononcé? Notez qu'il a à la fois contre lui la république, la légitimité et l'Empire, tous plus forts et plus logiques que sa situation fausse et indéfinissable. Est-ce donc dans cet isolement, est-ce dans le souvenir de la chute de février, dans la mollesse de ses doctrines et l'inertie de ses convictions qu'il pourrait puiser pour donner au pays le principe d'autorité que le sentiment public recherche comme son premier besoin?

Que veut, enfin, le parti légitimiste? Il se présente à titre de personnification de la tradition, de lien du présent et de l'avenir avec le passé. Mais, est-ce que l'avenir ne lui échappe pas? est-ce que l'hérédité ne semble pas devoir s'arrêter, pour lui, dans une couche infructueuse? est-ce que chaque jour ne lui enlève pas une de ses raisons d'être? La légitimité se dit une institution. Mais qu'est-elle aujourd'hui, sinon un homme? Elle se dit impérissable; mais elle est concentrée sur une seule tête! Viagère, transitoire, individuelle, elle mêlera dans la même tombe son principe et son dernier représentant. Car il ne faut pas croire que la branche cadette prendra sa place par droit de succession. La branche cadette, qui s'est insurgée contre le droit héréditaire, peut-elle profiter de l'hérédité? Ayant pris la couronne des mains d'une révolution, l'acceptera-t-elle, faute de mieux, des mains du droit traditionnel? Non! Il faut de la franchise et de la dignité dans les situations politiques, et ce serait renier celle qui a été acceptée en 1830, ce serait condamner le règne de Louis-Philippe et rétracter le principe de la souveraineté na-

tionale!... Quand on a solennellement abjuré le droit de succession; quand, à l'heure qu'il est, on l'abjure encore en refusant
de reconnaître le chef de sa maison, on ne saurait se réserver
d'y revenir plus tard par une ambition à toute fin! Il n'y aurait
pas assez de honte pour des princes qui, tantôt se prononceraient
pour la révolution quand elle serait profitable, et tantôt pour le
droit contraire de succession, quand il apporterait un bénéfice.

Or, que ferait le parti légitimiste le jour où la branche aînée
viendrait à s'éteindre? Il reconnaît avec le droit de l'ancienne
monarchie que ce jour-là la nation devrait se réunir dans ses
comices pour se donner un souverain, et alors il se trouverait en
présence de la république, de la maison d'Orléans et de la dynastie impériale. Dans cette situation que nous voulons bien accepter un moment à titre d'hypothèse, nous croyons ne pas nous
tromper en affirmant que ses votes se porteraient sans hésiter
sur la dynastie impériale ; car celle-ci ne lui a ravi ni sa patrie,
ni sa maison d'Albe, ni la couronne. Elle lui a, au contraire,
rouvert les portes de la France; elle l'a traité en enfant privilé-
gié ; elle lui a prodigué tous les trésors d'une réconciliation
généreuse. Pourquoi donc (nous le demandons, comme si tout
ce que le pays a fait par trois fois, légitimement et définitive-
ment, fût encore à faire, on nous pardonnera cette fiction),
pourquoi donc remettre à une époque éloignée, mais que les
probabilités rendent non douteuse, un choix définitif que com-
mande aujourd'hui l'intérêt de la France? Quoi! la France est
à la veille de périr et vous voulez attendre, pour lui donner son
sauveur, qu'elle ait péri vingt fois pendant vos temporisations !
La France réclame maintenant l'état définitif qui fera finir ses
souffrances, et vous voulez attendre dans une formule judaïque
et dans un provisoire mortel que le décès d'un homme vous per-
mette de faire, hors de propos, ce qu'il est si opportun et si ur-
gent de faire à l'instant ! Les nations n'ont pas tant de patience
ni tant de calculs chevaleresques. Elles ne remettent pas au len-

demain, encore moins à plusieurs lustres, l'affaire sérieuse de leur salut. Elles profitent du moment que la Providence leur envoie ; car elles seraient coupables envers Dieu et elles-mêmes si elles ajournaient le bienfait qui leur vient d'en haut.

Au surplus, quel que soit le parti que prennent la république, l'orléanisme et la légitimité, il reste au-dessus d'eux (et c'est là ce qui nous rassure) une majorité immense, qui, heureusement possédée du besoin de l'ordre et du repos, a donné un mémorable exemple de bon sens et est allée chercher le principe d'autorité là où il réside, dans la personne de l'Empereur. Cette majorité, on ne saurait trop le répéter, n'a rien de commun avec la démocratie turbulente et oisive des républiques grecques, ni avec la populace dégradée qui demandait à Rome du pain et des spectacles. Associée à la propriété foncière par le libre morcellement du sol, investie des droits d'égalité et de liberté civile qui font la dignité de l'homme, éclairée et moralisée par le christianisme, qui élève la civilisation moderne si fort au-dessus de la civilisation antique, elle travaille, elle produit, elle obéit aux lois et repousse les tentations de l'esprit révolutionnaire, qui paralyse son ardeur laborieuse et tarit les sources de son bien-être. Ce n'est pas elle qui appartient aux faiseurs de surprises ou aux hommes de hasard ; elle les renverse par ses votes quand on l'appelle à se prononcer. On avait voulu lui faire consacrer la république au 10 décembre, elle l'a solennellement condamnée. On voudrait lui faire adopter un prétorien, un usurpateur, un prétendant, elle les condamnerait encore. Faites venir des Galba, des Othon ou je ne sais quels autres élus de la force révoltée, et vous verrez ce qu'elle vous répondra. Posez devant elle des candidatures hostiles à l'Empire, évoquez des noms ou révolutionnaires ou dynastiques, et vous verrez où sont ses acclamations. Ah ! vous croyez que, parce que son enthousiasme pour le neveu de l'Empereur a été sans bornes, vous avez le droit de dire qu'il est sans cause et qu'elle est prête, comme les faméliques du

Forum, à passer d'un maître à un autre, prostituant au premier
venu ses suffrages et ses adulations ! Il ne vous appartient pas
de calomnier par ces odieuses comparaisons notre siècle et notre
patrie. Dans cette majorité que vous traitez avec ce dédain, il y
a des convictions, des principes, des intérêts, des habitudes
honnêtes, un grand amour de l'ordre, un profond besoin de travail, un respect sincère pour le principe d'autorité et des ré-
solutions fermes pour le faire prévaloir. Pendant que des
hommes qui se croient supérieurs par leur intelligence éprou-
vaient des doutes mortels sur l'avenir de la France ; pendant que
des politiques autorisés n'osaient ni avancer ni reculer sur un
terrain qui, tous les jours, s'affaissait davantage ; pendant que
d'autres, qui n'aimaient pas la révolution de 1848 parce qu'ils
ne l'avaient pas faite, voulaient la garder, parce qu'ils y trou-
vaient un vide pour élever leur importance, cette majorité, plus
sagace par ses instincts que les plus habiles par leur expérience
et leurs calculs, a marché droit au but et a adopté, sans tant
d'ambages, le dépositaire providentiel du principe d'autorité.
Est-ce là le témoignage banal d'une vile populace qui obéit à la
corruption et vient lâchement baiser la main des tyrans ? Non !
le prince que la France proclamait était faible comme un exilé
et dénigré comme ceux qu'a frappés l'adverse fortune. Le pouvoir, l'armée, l'administration, tous les moyens d'influence et de
coercition étaient à d'autres, qui en usaient contre sa cause.
Mais lui, tout faible qu'il fût, il était puissant par le sceau populaire imprimé sur le front de sa race, et par les souvenirs d'un
de ces règnes qui brillent par la gloire et fondent les institutions.
Et le peuple (ce sera son éternel honneur) a préféré la grandeur
morale du prince sans soldats, sans trésors, sans flatteurs, au
gouvernement armé, installé, exerçant la plénitude de l'autorité
sans en avoir le principe.

Maintenant, que des hommes qui, sous un nom ou sous un
autre, ont toute leur vie combattu le principe d'autorité, et qui

frémissent de le voir relever par les libres suffrages du peuple, se vengent de ce prodigieux retour à la vérité en comparant ce peuple généreux et droit à la multitude servile, aux hordes dégradées des antiques civilisations, nous comprenons leur mauvaise humeur et leur désappointement. Ils ont ébranlé le pouvoir, et le pouvoir est restauré ; ils ont gâté la société, et la société se guérit de leur contact ; ils ont perdu toutes les causes, et en voilà une qui se gagne d'elle-même en se mettant seulement aux voix. Non ! non ! ce peuple qu'on avait essayé de séduire par l'anarchie, et qui a mis l'ordre à la place du chaos ; ce peuple à qui on offrait la licence, et qui a mieux aimé fonder un gouvernement, ce peuple-là n'est pas la société du Bas-Empire et la proie méprisable des Vandales ou des despotes. C'est une société florissante et vigoureuse, qui ne veut un pouvoir sérieux et fort que parce qu'elle a des intérêts conservateurs à vivifier ; c'est une société qui, loin de tomber dans la décadence, se relève pleine d'avenir d'une chute fatale, qui se raffermit dans les voies de l'ordre pour avoir le progrès, et qui développe avec une admirable activité sa richesse, son bien-être et ses instincts moraux. Elle est prête contre les barbares modernes autant que contre les sophistes de ces derniers temps, cent fois pires que ceux de Constantinople. Voilà pourquoi les uns et les autres lui lancent anathème. Mais ni leurs armes ni leurs venins ne prévaudront contre elle, parce qu'elle a beaucoup mérité du monde en posant à sa base le principe d'autorité, qui fait durer les empires et qui préserve les peuples des révolutions.

PRIEUR.

pseudonyme de M. Croptony

Imprimerie d'ERNEST PANCKOUCKE, rue des Poitevins, n° 14.

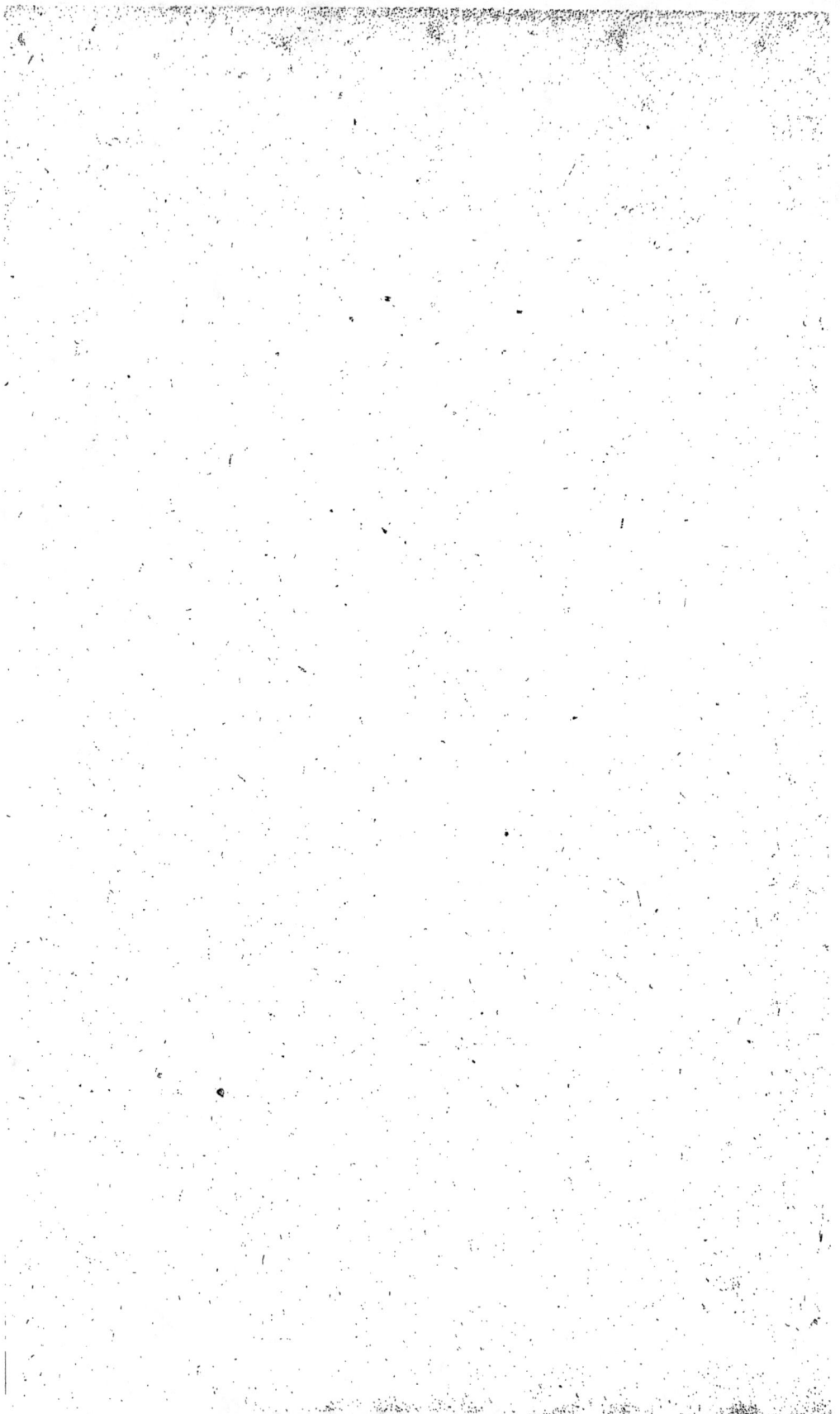

www.ingramcontent.com/pod-product-compliance
Lightning Source LLC
Chambersburg PA
CBHW060810280326

41934CB00010B/2627